大方廣佛華嚴經 寫經

53

🪷 일러두기

1. 『사경본 한글역 대방광불화엄경』은 『독송본 한문·한글역 대방광불화엄경』에 수록된 한글역을 사경하는 데 편의를 도모하기 위해 편집을 달리하여 간행한 것이다.

2. 『독송본 한문·한글역 대방광불화엄경』은 실차난타가 한역(695~699)한 80권 『대방광불화엄경』의 한문 원문과 한글역을 함께 수록한 것이다. 한문 저본은 고종 2년(1865) 월정사에서 인경한 고려대장경 『대방광불화엄경』이다.

3. 한글 번역은 동국역경원에서 발간한 한글 『대방광불화엄경』(운허)을 중심으로 하고 『신화엄경합론』(탄허)과 『대방광불화엄경 강설』(여천무비) 그리고 최근의 여타 번역본 등을 참조하였다.

4. 한글 번역은 독송과 사경을 위하여 정확성과 아울러 가독성을 고려하였다. 극존칭은 부처님과 불경계에 대해서만 사용하였다.

5. 사경본의 차례는 일러두기 → 한글역 본문 → 화엄경 목차 → 간행사이며 80권 『대방광불화엄경』의 권별 목차 순으로 독송본과 함께 간행한다. (법공양판에는 간행사 다음에 간행불사 동참자를 밝혀두었다.)

사경본 한글역

대방광불화엄경 제53권

38. 이세간품 [1]

수미해주

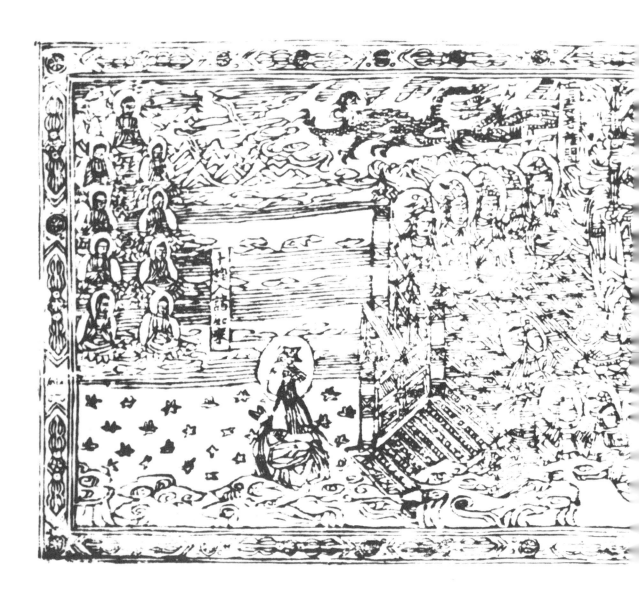

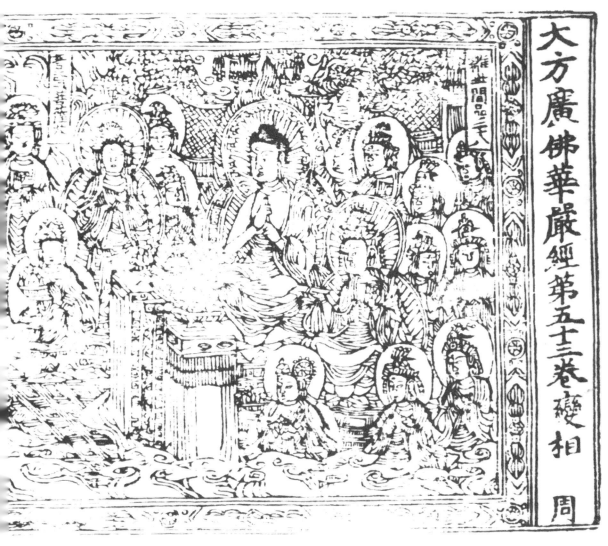

大方廣佛華嚴經第五十三卷變相

대방광불화엄경 제53권 변상도

대방광불화엄경
제53권

38. 이세간품 [1]

_____ 은(는)『대방광불화엄경』을
사경하는 인연공덕으로
『화엄경』이 널리 유통되고
우리 모두 다함께 보리 이루기를 발원하옵니다.

대방광불화엄경
제53권

38. 이세간품 [1]

그때에 세존께서 마갈제국의 아란야법 보리도량의 보광명전에서 연화장 사자좌에 앉아 계셨다.

묘한 깨달음이 다 원만하며, 두 가지 행이 영원히 끊어지셨다. 모양 없는 법을 통달하며, 부처님 머무르시는 데 머무르며, 부처님의 평등을 얻으며, 장애가 없는 곳에 이르며, 변할 수 없는 법이며, 행하는 바가 걸림이 없으며, 부사의함에 입각하며, 널리 삼세를 보셨다.

몸은 일체 국토에 항상 가득하며, 지혜는 일체 모든 법을 항상 밝게 통달하며, 일체 행을 분명히 알며, 일체 의심을 끊으셨다.

측량할 수 없는 몸이며, 일체 보살이 평등하게 구하는 바 지혜이며, 부처님의 둘이 없는 구경의 피안에 이르며, 여래의 평등한 해탈을 갖추며, 중간과 끝이 없는 부처님의 평등한 경지를 증득하며, 법계를 다하며, 허공계와 같으셨다.

말할 수 없는 백천억 나유타 부처님 세계 미진수의 보살마하살들과 함께 계셨으니, 모두 한 생에 마땅히 아뇩다라삼먁삼보리를 이룰 이들이다. 각각 타방의 갖가지 국토로부터 함께 와서 모였는데 다 보살의 방편 지혜를 갖추었다.

이른바 일체 중생을 잘 능히 관찰하여 방편의 힘으로 그들로 하여금 조복해서 보살의 법에 머무르게 하며, 일체 세계를 잘 능히 관찰하여 방편의 힘으로 널리 다 나아가며, 열반의 경계를 잘 능히 관찰하여 사유하고 헤아리며, 일체 희론과 분별을 길이 떠나 미묘한 행을 닦아서 끊어짐이 없다.

일체 중생을 잘 능히 거두어 주며, 한량없는 모든 방편의 법에 잘 들어가며, 모든 중생들이 공하여 있는 바가 없음을 알되 업과 과보를 깨뜨리지 않으며, 중생들의 마음 번뇌와 모든 근과 경계와 방편의 갖가지 차별을 잘 안다.

삼세의 부처님 법을 모두 능히 받아 지녀서 스스로 밝게 이해하고 다시 다른 이를 위하여 설하며, 세간과 출세간의 한량없는 모든 법에 다 잘 편안히 머물러서 그 진실을 알며, 함이 있고 함이 없는 일체 모든 법을 모두 잘 관찰하여 둘이 없음을 알며,

한 생각 동안에 삼세 모든 부처님께서 지니신 바 지혜를 모두 능히 획득하였다.

생각생각에 평등하고 바른 깨달음 이룸을 모두 능히 나타내 보여서 일체 중생으로 하여금 발심하여 도를 이루게 하며, 한 중생의 마음이 반연하는 바에 일체 중생의 경계를 모두 알며, 비록 여래의 일체지의 지위에 들어갔으나 보살의 행을 버리지 아니하며, 모든 짓는 바 업은 지혜 방편이어서 짓는 바가 없다.

낱낱 중생을 위하여 한량없는 겁 동안 머무르지만 아승지 겁에도 만나기 어려우며, 바른 법륜을 굴려 중생을 조복함이 다 헛되지 않으며, 삼세 모든 부처님의 청정한 행과 원을 모두 이미 구족하였다.

이와 같은 한량없는 공덕을 성취하니 일체 여래께서 가없는 겁 동안 설하셔도 다할 수 없다.

그 이름은 보현 보살과 보안 보살과 보화 보살과 보혜 보살과 보견 보살과 보광 보살과 보관 보살과 보조 보살과 보당 보살과 보각 보살이다.

이와 같은 등 열 말할 수 없는 백천 억 나유타 부처님 세계 미진수의 보살들이 모두 다 보현의 행원을 성취하여 깊은 마음과 큰 서원이 다 이미 원만하며, 일체 모든 부처님께서 세상에 출현하시는 곳에 다 능히 나아가서 법륜 굴리시기를 청하며, 모든 부처님의 법안을 잘 능히 받아 지니며, 일체 모든 부처님의 종성을 끊지 않는다.

일체 모든 부처님께서 세상에 출현

하심과 수기하시는 차례와 명호와 국토와 평등하고 바른 깨달음 이루심과 법륜 굴리심을 잘 안다.

부처님 계시지 않은 세계에서 몸을 나타내어 부처를 이루어 능히 일체 잡되고 물든 중생들로 하여금 모두 다 청정하게 하며, 일체 보살의 업과 장애를 능히 없애며, 걸림 없는 청정한 법계에 들어갔다.

그때에 보현 보살마하살이 넓고 큰

삼매에 들었으니 이름이 '불화장엄'
이다. 이 삼매에 들었을 때 시방에
있는 일체 세계가 여섯 가지 열여덟
모양으로 흔들리며 큰 소리를 내니,
모두 듣지 못함이 없었다. 그런 뒤에
그 삼매에서 일어났다.

그때에 보혜 보살이 대중들이 이미
모인 것을 알고 보현 보살에게 물었
다.

"불자여, 원컨대 연설하소서. 무엇
이 보살마하살의 의지이며, 무엇이

기특한 생각이며, 무엇이 행이며, 무엇이 선지식이며, 무엇이 부지런한 정진이며, 무엇이 마음이 편안함을 얻음이며, 무엇이 중생을 성취함이며, 무엇이 계이며, 무엇이 수기 받음을 스스로 앎이며, 무엇이 보살에 들어감입니까?

무엇이 여래께 들어감이며, 무엇이 중생의 마음 행에 들어감이며, 무엇이 세계에 들어감이며, 무엇이 겁에 들어감이며, 무엇이 삼세를 설함이며, 무엇이 삼세에 들어감이며, 무엇이 피로해하거나 싫어함이 없는 마음을 냄이며, 무엇이 차별지이며, 무엇이 다라니이며, 무엇이 부처님을 말함입니까?

무엇이 보현의 마음을 냄이며, 무엇이 보현의 행하는 법이며, 무슨 까닭으로 대비를 일으키며, 무엇이 보리심을 내는 인연이며, 무엇이 선지식에게 존중하는 마음을 일으킴이며, 무엇이 청정함이며, 무엇이 모든 바라밀이며, 무엇이 지혜로 따라 깨달음이며, 무엇이 증득하여 앎이며, 무엇이 힘입니까?

무엇이 평등함이며, 무엇이 부처님 법의 진실한 이치의 구절이며, 무엇이 법을 설함이며, 무엇이 지님이며, 무엇이 변재이며, 무엇이 자재이며, 무엇이 집착 없는 성품이며, 무엇이 평등한 마음이며, 무엇이 출생하는 지혜이며, 무엇이 변화입니까?

무엇이 힘으로 지님이며, 무엇이 크게 기쁘고 편안함을 얻음이며, 무엇이 부처님 법에 깊이 들어감이며, 무엇이 의지함이며, 무엇이 두려움 없는 마음을 냄이며, 무엇이 의심이 없는 마음을 냄이며, 무엇이 부사의이며, 무엇이 교묘하고 비밀한 말이며, 무엇이 교묘하게 분별하는 지혜이며, 무엇이 삼매에 들어감입니까?

무엇이 두루 들어감이며, 무엇이 해탈문이며, 무엇이 신통이며, 무엇이 밝음이며, 무엇이 해탈이며, 무엇이 동산 숲이며, 무엇이 궁전이며, 무엇이 좋아하는 것이며, 무엇이 장엄이며, 무엇이 움직이지 않는 마음을 냄입니까?

무엇이 깊고 큰 마음을 버리지 않음이며, 무엇이 관찰함이며, 무엇이 법을 설함이며, 무엇이 청정이며, 무엇이 도장 찍음이며, 무엇이 지혜 광명의 비춤이며, 무엇이 같음이 없는 머무름이며, 무엇이 하열하지 않은 마음이며, 무엇이 산처럼 불어나는 마음이며, 무엇이 위없는 보리에 들어가는 바다 같은 지혜입니까?

무엇이 보배처럼 머무름이며, 무엇이 금강 같은 대승의 서원하는 마음을 냄이며, 무엇이 크게 일으킴이며, 무엇이 구경의 큰 일이며, 무엇이 무너지지 않는 믿음이며, 무엇이 수기이며, 무엇이 선근 회향이며, 무엇이 지혜를 얻음이며, 무엇이 가없는 광대한 마음을 냄이며, 무엇이 묻힌 갈무리입니까?

무엇이 계율과 위의이며, 무엇이 자재함이며, 무엇이 걸림 없는 작용이며, 무엇이 중생에 걸림 없는 작용이며, 무엇이 세계에 걸림 없는 작용이며, 무엇이 법에 걸림 없는 작용이며, 무엇이 몸에 걸림 없는 작용이며, 무엇이 서원에 걸림 없는 작용이며, 무엇이 경계에 걸림 없는 작용이며, 무엇이 지혜에 걸림 없는 작용입니까?

무엇이 신통에 걸림 없는 작용이며, 무엇이 위신력에 걸림 없는 작용이며, 무엇이 힘에 걸림 없는 작용이며, 무엇이 유희이며, 무엇이 경계이며, 무엇이 힘이며, 무엇이 두려움 없음이며, 무엇이 함께하지 않는 법이며, 무엇이 업이며, 무엇이 몸입니까?

　무엇이 몸의 업이며, 무엇이 몸이며, 무엇이 말이며, 무엇이 말의 업을 깨끗이 닦음이며, 무엇이 수호함을 얻음이며, 무엇이 큰 일을 마련함이며, 무엇이 마음이며, 무엇이 발심이며, 무엇이 두루하는 마음입니까?
　무엇이 모든 근이며, 무엇이 깊은 마음이며, 무엇이 더 느는 깊은 마음이며, 무엇이 부지런히 닦음이며, 무엇이 결정한 지혜이며, 무엇이 결정한 지혜로 세계에 들어감이며, 무엇이 결정한 지혜로 중생계에 들어감이며, 무엇이 습기이며, 무엇이 취함이며, 무엇이 닦음입니까?

무엇이 부처님 법을 성취함이며, 무엇이 부처님 법의 길에서 물러남이며, 무엇이 생을 여의는 길이며, 무엇이 결정한 법이며, 무엇이 부처님 법을 출생하는 길이며, 무엇이 대장부의 명호이며, 무엇이 도이며, 무엇

이 한량없는 도이며, 무엇이 도를 도
움이며, 무엇이 도를 닦음입니까?

무엇이 장엄하는 도이며, 무엇이
발이며, 무엇이 손이며, 무엇이 배이
며, 무엇이 장이며, 무엇이 마음이
며, 무엇이 갑옷을 입음이며, 무엇이
무기이며, 무엇이 머리입니까?

무엇이 눈이며, 무엇이 귀이며, 무
엇이 코이며, 무엇이 혀이며, 무엇이
몸이며, 무엇이 뜻이며, 무엇이 행이
며, 무엇이 머무름이며, 무엇이 앉음
이며, 무엇이 누움이며, 무엇이 머무

를 곳이며, 무엇이 행할 곳입니까?

무엇이 관찰이며, 무엇이 널리 관찰함이며, 무엇이 떨쳐 일어남이며, 무엇이 사자후이며, 무엇이 청정한 보시이며, 무엇이 청정한 계이며, 무엇이 청정한 참음이며, 무엇이 청정한 정진이며, 무엇이 청정한 선정이며, 무엇이 청정한 지혜입니까?

무엇이 청정한 자애로움이며, 무엇이 청정한 가엾이 여김이며, 무엇이 청정한 기쁨이며, 무엇이 청정한 버림이며, 무엇이 뜻이며, 무엇이 법이며, 무엇이 복덕의 도를 돕는 도구이며, 무엇이 지혜의 도를 돕는 도구이며, 무엇이 밝음이 구족함이며, 무엇이 법을 구함입니까?

무엇이 밝게 아는 법이며, 무엇이 수행하는 법이며, 무엇이 마이며, 무엇이 마의 업이며, 무엇이 마의 업을 버리어 여읨이며, 무엇이 부처님을 봄이며, 무엇이 부처님의 업이며, 무엇이 교만한 업이며, 무엇이 지혜의 업이며, 무엇이 마에 거두어 잡힌 것

이며, 무엇이 부처님의 거두어 지니
시는 바이며, 무엇이 법의 거두어 지
니는 바입니까?

무엇이 도솔천에 머물러 짓는 바
업이며, 무슨 까닭으로 도솔천궁에
서 사라지며, 무슨 까닭으로 태에 머
무름을 나타내며, 무엇이 미세한 갈
래를 나타냄이며, 무슨 까닭으로 처
음 태어남을 나타내며, 무슨 까닭으
로 미소를 나타내며, 무슨 까닭으로
일곱 걸음 걸어감을 보이며, 무슨 까

닭으로 동자의 지위를 나타내며, 무
슨 까닭으로 내궁에 있음을 나타내
며, 무슨 까닭으로 출가함을 나타냅
니까?

무슨 까닭으로 고행함을 보이며,
어떻게 도량에 나아가며, 어떻게 도
량에 앉으며, 무엇이 도량에 앉았을
때의 기특한 모습이며, 무슨 까닭으
로 마를 항복 받음을 보이며, 무엇이
여래의 힘을 이룸이며, 어떻게 법륜
을 굴리며, 무슨 까닭으로 법륜 굴림
을 인하여 희고 깨끗한 법을 얻으며,

무슨 까닭으로 여래 응정등각께서 열반에 듦을 보이십니까?

훌륭하신 불자여, 이와 같은 등의 법을 원컨대 연설하소서."

이때에 보현 보살이 보혜 등 모든 보살들에게 말씀하였다.

"불자들이여, 보살마하살이 열 가지 의지가 있다.

무엇이 열인가?

이른바 보리심으로 의지를 삼으니

항상 잊어버리지 않는 까닭이며, 선지식으로 의지를 삼으니 화합하여 하나와 같은 까닭이며, 선근으로 의지를 삼으니 닦고 모아서 증장하는 까닭이며, 바라밀로 의지를 삼으니 구족하게 수행하는 까닭이며, 일체 법으로 의지를 삼으니 구경에 벗어나는 까닭이다.

큰 서원으로 의지를 삼으니 보리를 증장하는 까닭이며, 모든 행으로 의지를 삼으니 널리 다 성취하는 까닭이며, 일체 보살로 의지를 삼으니 지혜가 같은 까닭이며, 모든 부처님께 공양올림으로 의지를 삼으니 믿는 마음이 청정한 까닭이며, 일체 여래로 의지를 삼으니 자애로운 아버지의 가르침과 같이 끊이지 않는 까닭이다.

이것이 열이다.

만약 모든 보살들이 이 법에 편안히 머무르면 곧 여래의 위없는 큰 지혜의 의지할 곳이 됨을 얻는다.

불자들이여, 보살마하살이 열 가

지 기특한 생각이 있다.

무엇이 열인가?

이른바 일체 선근에 자기의 선근이라는 생각을 내며, 일체 선근에 보리의 종자라는 생각을 내며, 일체 중생에게 보리의 그릇이라는 생각을 내며, 일체 원에 자기의 원이라는 생각을 내며, 일체 법에 벗어나는 생각을 낸다.

일체 행에 자기의 행이라는 생각을 내며, 일체 법에 부처님의 법이라는 생각을 내며, 일체 언어 법에 언어의 도라는 생각을 내며, 일체 부처님께 자애로운 아버지라는 생각을 내며, 일체 여래께 둘이 없다는 생각을 낸다.

이것이 열이다.

만약 모든 보살들이 이 법에 편안히 머무르면 곧 위없는 매우 교묘한 생각을 얻는다.

불자들이여, 보살마하살이 열 가지 행이 있다.

무엇이 열인가?

이른바 일체 중생의 행이니 널리
성숙하게 하는 까닭이며, 일체 법을
구하는 행이니 모두 다 닦고 배우는
까닭이며, 일체 선근의 행이니 모두
증장하게 하는 까닭이며, 일체 삼매
의 행이니 한 마음이 어지럽지 않은
까닭이며, 일체 지혜의 행이니 밝게
알지 못함이 없는 까닭이다.

일체 닦아 익히는 행이니 능히 닦
지 못함이 없는 까닭이며, 일체 부처
님 세계의 행이니 모두 다 장엄하는
까닭이며, 일체 선우의 행이니 공경

하고 공양올리는 까닭이며, 일체 여래의 행이니 존중하고 받들어 섬기는 까닭이며, 일체 신통한 행이니 변화가 자재한 까닭이다.

이것이 열이다.

만약 모든 보살들이 이 법에 편안히 머무르면 곧 여래의 위없는 큰 지혜의 행을 얻는다.

불자들이여, 보살마하살이 열 가지 선지식이 있다.

무엇이 열인가?

이른바 보리심에 머무르게 하는 선
지식과, 선근을 내게 하는 선지식과,
모든 바라밀을 행하게 하는 선지식
과, 일체 법을 해설하게 하는 선지식
과, 일체 중생을 성숙하게 하는 선지
식이다.

결정한 변재를 얻게 하는 선지식
과, 일체 세간에 집착하지 않게 하
는 선지식과, 일체 겁에 수행하되 싫
어하거나 게으름이 없게 하는 선지
식과, 보현의 행에 편안히 머무르게
하는 선지식과, 일체 부처님의 지혜

로 들어가신 데 들어가게 하는 선지
식이다.
이것이 열이다.

불자들이여, 보살마하살이 열 가
지 부지런한 정진이 있다.
무엇이 열인가?
이른바 일체 중생을 교화하는 부지
런한 정진과, 일체 법에 깊이 들어가
는 부지런한 정진과, 일체 세계를 깨
끗이 장엄하는 부지런한 정진과, 일
체 보살의 배우는 바를 닦아 행하는

부지런한 정진과, 일체 중생의 악을 멸하여 없애는 부지런한 정진이다.

일체 삼악도의 괴로움을 그치게 하는 부지런한 정진과, 일체 온갖 마들을 꺾어 깨뜨리는 부지런한 정진과, 일체 중생을 위하여 청정한 눈이 되기를 서원하는 부지런한 정진과, 일체 모든 부처님께 공양올리는 부지런한 정진과, 일체 여래께서 모두 다 환희하시게 하는 부지런한 정진이다.

이것이 열이다.

만약 모든 보살들이 이 법에 편안

히 머무르면 곧 여래의 위없는 정진 바라밀을 구족하게 된다.

불자들이여, 보살마하살이 열 가지 마음이 편안함을 얻음이 있다.
무엇이 열인가?
이른바 스스로 보리심에 머무르고 또한 마땅히 다른 이도 보리심에 머무르게 하여 마음이 편안함을 얻으며, 스스로 끝까지 성냄과 다툼을 여의고 또한 마땅히 다른 이도 성냄과 다툼을 여의게 하여 마음이 편안함을 얻는다.

스스로 범부의 어리석은 법을 여의고 또한 다른 이도 범부의 어리석은 법을 여의게 하여 마음이 편안함을 얻으며, 스스로 선근을 부지런히 닦고 또한 다른 이도 선근을 부지런히 닦게 하여 마음이 편안함을 얻는다.

스스로 바라밀도에 머무르고 또한 다른 이도 바라밀도에 머무르게 하여 마음이 편안함을 얻으며, 스스로 부처님의 가문에 태어나고 또한 마땅히 다른 이도 부처님의 가문에 태

어나게 하여 마음이 편안함을 얻는
다.

스스로 자기 성품 없는 진실한 법
에 깊이 들어가고 또한 다른 이도 자
기 성품 없는 진실한 법에 들어가게
하여 마음이 편안함을 얻으며, 스스
로 일체 부처님의 법을 비방하지 않
고 또한 다른 이도 일체 부처님의 법
을 비방하지 않게 하여 마음이 편안
함을 얻는다.

스스로 일체 지혜의 보리의 원을
만족하고 또한 다른 이도 일체 지혜

의 보리의 원을 만족하게 하여 마음이 편안함을 얻으며, 스스로 일체 여래의 다함없는 지혜창고에 깊이 들어가고 또한 다른 이도 일체 여래의 다함없는 지혜창고에 들어가게 하여 마음이 편안함을 얻는다.

이것이 열이다.

만약 모든 보살들이 이 법에 편안히 머무르면 곧 여래의 위없는 큰 지혜의 편안함을 얻는다.

불자들이여, 보살마하살이 열 가

지 중생을 성취함이 있다.

무엇이 열인가?

이른바 보시로 중생을 성취하며, 색신으로 중생을 성취하며, 법을 설함으로 중생을 성취하며, 같이 행함으로 중생을 성취한다.

물들어 집착하지 않음으로 중생을 성취하며, 보살행을 열어 보임으로 중생을 성취하며, 일체 세계를 치성하게 나타내 보임으로 중생을 성취한다.

부처님 법의 큰 위엄과 덕을 나타

내 보임으로 중생을 성취하며, 갖가지 신통 변화를 나타냄으로 중생을 성취하며, 갖가지 비밀한 선교방편으로 중생을 성취한다.

이것이 열이다.

보살이 이로써 중생계를 성취한다.

불자들이여, 보살마하살이 열 가지 계가 있다.

무엇이 열인가?

이른바 보리심을 버리지 않는 계와, 이승의 지위를 멀리 여의는 계와, 일체 중생을 관찰하여 이익하게 하는 계와, 일체 중생이 부처님 법에 머무르게 하는 계와, 일체 보살이 배우는 바를 닦는 계이다.

일체 법에 얻을 바가 없는 계와, 일체 선근으로 보리에 회향하는 계와, 일체 여래의 몸에 집착하지 않는 계와, 일체 법을 사유하되 집착을 여의는 계와, 모든 근의 계율과 위의의 계이다.

이것이 열이다.

만약 모든 보살들이 이 법에 편안

히 머무르면 곧 여래의 위없고 광대한 계바라밀을 얻는다.

불자들이여, 보살마하살이 열 가지 수기 받는 법이 있어서 보살이 이로써 수기 받음을 스스로 안다.

무엇이 열인가?

이른바 수승한 뜻으로 보리심을 내어서 수기 받음을 스스로 알며, 모든 보살행을 영원히 싫어하여 버리지 않아서 수기 받음을 스스로 알며, 일체 겁에 머물러 보살행을 행하여 수기 받음을 스스로 알며, 일체 부처님의 법을 닦아서 수기 받음을 스스로 안다.

일체 부처님의 가르침을 한결같이 깊이 믿어서 수기 받음을 스스로 알며, 일체 선근을 닦아 다 성취하게 하여 수기 받음을 스스로 알며, 일체 중생을 부처님의 보리에 두어서 수기 받음을 스스로 안다.

일체 선지식에게 화합하여 둘이 없어서 수기 받음을 스스로 알며, 일체 선지식에게 여래라는 생각을 내어서 수기 받음을 스스로 알며, 보리의 본래 서원을 항상 부지런히 수호하여 수기 받음을 스스로 안다.

이것이 열이다.

불자들이여, 보살마하살이 열 가지 들어감이 있어서 모든 보살들에게 들어간다.

무엇이 열인가?

이른바 본래의 서원에 들어가며, 행에 들어가며, 무리에 들어가며, 모든 바라밀에 들어가며, 성취에 들어간다.

차별한 서원에 들어가며, 갖가지 지혜에 들어가며, 불국토를 장엄함에 들어가며, 위신력이 자재함에 들어가며, 태어남을 나타내 보임에 들어간다.

이것이 열이다.

보살이 이로써 삼세의 일체 보살에게 널리 들어간다.

불자들이여, 보살마하살이 열 가지 들어감이 있어서 모든 여래께 들어간다.

무엇이 열인가?

이른바 가없는 바른 깨달음을 이루심에 들어가며, 가없는 법륜을 굴리심에 들어가며, 가없는 방편의 법에 들어가며, 가없는 차별한 음성에 들어가며, 가없는 중생들을 조복하심에 들어간다.

가없는 신통한 힘의 자재하심에 들어가며, 가없는 갖가지 차별한 몸에 들어가며, 가없는 삼매에 들어가며, 가없는 힘과 두려움 없으심에 들어가며, 가없는 열반을 나타내 보이심에 들어간다.

이것이 열이다.

보살이 이로써 삼세의 일체 여래께 널리 들어간다.

불자들이여, 보살마하살이 열 가지 중생의 행에 들어감이 있다.

무엇이 열인가?

이른바 일체 중생의 과거의 행에 들어가며, 일체 중생의 미래의 행에 들어가며, 일체 중생의 현재의 행에 들어가며, 일체 중생의 착한 행에 들어가며, 일체 중생의 착하지 않은 행에 들어간다.

일체 중생의 마음의 행에 들어가며, 일체 중생의 근의 행에 들어가며, 일체 중생의 지해의 행에 들어가며, 일체 중생의 번뇌와 습기의 행에 들어가며, 일체 중생을 교화하고 조복하는 때와 때 아닌 행에 들어간다.

이것이 열이다.

보살이 이로써 일체 모든 중생들의 행에 널리 들어간다.

불자들이여, 보살마하살이 열 가지 세계에 들어감이 있다.

무엇이 열인가?

이른바 물든 세계에 들어가며, 깨끗한 세계에 들어가며, 작은 세계에 들어가며, 큰 세계에 들어가며, 미진 속의 세계에 들어간다.

미세한 세계에 들어가며, 엎어진 세계에 들어가며, 잦혀진 세계에 들어가며, 부처님 계시는 세계에 들어가며, 부처님 계시지 않은 세계에 들어간다.

이것이 열이다.

보살이 이로써 시방의 일체 세계에
널리 들어간다.

불자들이여, 보살마하살이 열 가
지 겁에 들어감이 있다.

무엇이 열인가?

이른바 과거 겁에 들어가며, 미래
겁에 들어가며, 현재 겁에 들어가며,
셀 수 있는 겁에 들어가며, 셀 수 없
는 겁에 들어간다.

셀 수 있는 겁이 곧 셀 수 없는 겁

임에 들어가며, 셀 수 없는 겁이 곧 셀 수 있는 겁임에 들어가며, 일체 겁이 곧 겁 아님에 들어가며, 겁 아님이 곧 일체 겁임에 들어가며, 일체 겁이 곧 한 생각임에 들어간다.

이것이 열이다.

보살이 이로써 일체 겁에 널리 들어간다.

불자들이여, 보살마하살이 열 가지 삼세를 설함이 있다.

무엇이 열인가?

이른바 과거세에서 과거세를 설하며, 과거세에서 미래세를 설하며, 과거세에서 현재세를 설한다.

미래세에서 과거세를 설하며, 미래세에서 현재세를 설하며, 미래세에서 다함없음을 설한다.

현재세에서 과거세를 설하며, 현재세에서 미래세를 설하며, 현재세에서 평등을 설하며, 현재세에서 삼세가 곧 한 순간임을 설한다.

이것이 열이다.

보살이 이로써 삼세를 널리 설한

다.

   불자들이여, 보살마하살이 열 가지 삼세를 앎이 있다.
   무엇이 열인가?
   이른바 모든 안립을 알며, 모든 언어를 알며, 모든 의논을 알며, 모든 법칙을 알며, 모든 일컬음을 안다.
   모든 제도와 법령을 알며, 그 거짓 이름을 알며, 그 다함없음을 알며, 그 적멸함을 알며, 일체가 공함을 안다.

이것이 열이다.

보살이 이로써 일체 삼세의 모든 법을 널리 안다.

불자들이여, 보살마하살이 열 가지 피로해하거나 싫어함이 없는 마음을 낸다.

무엇이 열인가?

이른바 일체 모든 부처님께 공양 올리되 피로해하거나 싫어함이 없는 마음과, 일체 선지식을 친근하되 피로해하거나 싫어함이 없는 마음과,

일체 법을 구하되 피로해하거나 싫어함이 없는 마음과, 바른 법을 듣되 피로해하거나 싫어함이 없는 마음과, 바른 법을 설하되 피로해하거나 싫어함이 없는 마음이다.

일체 중생을 교화하고 조복하되 피로해하거나 싫어함이 없는 마음과, 일체 중생을 부처님의 보리에 두되 피로해하거나 싫어함이 없는 마음과, 낱낱 세계마다 말할 수 없이 말할 수 없는 겁을 지내도록 보살행을 행하되 피로해하거나 싫어함이 없는 마음과, 일체 세계를 다니되 피로해하거나 싫어함이 없는 마음과, 일체 부처님 법을 관찰하고 사유하되 피로해하거나 싫어함이 없는 마음이다.

이것이 열이다.

만약 모든 보살들이 이 법에 편안히 머무르면 곧 여래의 피로해하거나 싫어함이 없이 위없는 큰 지혜를 얻는다.

불자들이여, 보살마하살이 열 가

지 차별지가 있다.

무엇이 열인가?

이른바 중생의 차별을 아는 지혜와, 모든 근기의 차별을 아는 지혜와, 업과 과보의 차별을 아는 지혜와, 태어나는 차별을 아는 지혜와, 세계의 차별을 아는 지혜이다.

법계의 차별을 아는 지혜와, 모든 부처님의 차별을 아는 지혜와, 모든 법의 차별을 아는 지혜와, 삼세의 차별을 아는 지혜와, 일체 언어의 도의 차별을 아는 지혜이다.

이것이 열이다.

만약 모든 보살들이 이 법에 편안히 머무르면 곧 여래의 위없는 광대한 차별지를 얻는다.

불자들이여, 보살마하살이 열 가지 다라니가 있다.

무엇이 열인가?

이른바 듣고 지니는 다라니이니 일체 법을 지니어 잊지 않는 까닭이며, 닦아 행하는 다라니이니 일체 법을 사실대로 교묘하게 관찰하는 까닭이며, 사유하는 다라니이니 일체 모든 법의 성품을 분명히 아는 까닭이며, 법의 광명 다라니이니 부사의한 모든 부처님 법을 비추는 까닭이며, 삼매 다라니이니 널리 현재 일체 부처님 처소에서 바른 법을 들어 마음이 어지럽지 않은 까닭이다.

원만한 음성 다라니이니 부사의한 음성과 말을 분명히 이해하는 까닭이며, 삼세 다라니이니 삼세의 불가사의한 모든 부처님 법을 연설하는 까닭이며, 갖가지 변재 다라니이니 가없는 모든 부처님 법을 연설하는 까닭이며, 걸림 없는 귀를 내는 다라니이니 말할 수 없는 부처님께서 설하신 법을 모두 능히 듣는 까닭이며, 일체 부처님 법 다라니이니 여래의 힘과 두려움 없음에 편안히 머무르는 까닭이다.

이것이 열이다.

만약 모든 보살들이 이 법을 얻고자 하면 마땅히 부지런히 닦고 배워야 한다.

불자들이여, 보살마하살이 열 가지 부처님을 설한다.

무엇이 열인가?

이른바 바른 깨달음을 이루신 부처님과, 서원의 부처님과, 업보의 부처님과, 머물러 지니시는 부처님과, 열반하신 부처님이시다.

법계의 부처님과, 마음의 부처님과, 삼매의 부처님과, 본 성품의 부처님과, 따라 즐기시는 부처님이시다.

이것이 열이다.

불자들이여, 보살마하살이 열 가
지 보현의 마음을 낸다.

무엇이 열인가?

이른바 대자의 마음을 내니 일체
중생을 구호하는 까닭이며, 대비의
마음을 내니 일체 중생을 대신하여
고통을 받는 까닭이며, 일체를 보시
하는 마음을 내니 있는 바를 모두 버
리는 까닭이며, 일체지를 으뜸이라
고 생각하는 마음을 내니 일체 부처
님 법을 즐겨 구하는 까닭이며, 공덕
으로 장엄하는 마음을 내니 일체 보

살행을 배우는 까닭이다.

금강과 같은 마음을 내니 일체 처에 태어나되 잊지 않는 까닭이며, 바다와 같은 마음을 내니 일체 희고 깨끗한 법이 모두 흘러 들어가는 까닭이며, 큰 산왕과 같은 마음을 내니 일체 나쁜 말을 다 참고 받아들이는 까닭이며, 편안한 마음을 내니 일체 중생에게 두려움 없음을 베푸는 까닭이며, 반야바라밀의 구경의 마음을 내니 일체 법이 있는 바가 없음을 공교하게 관찰하는 까닭이다.

이것이 열이다.

만약 모든 보살들이 이 마음에 편안히 머무르면 보현의 교묘한 지혜를 빨리 성취함을 얻는다.

불자들이여, 보살마하살이 열 가지 보현의 행하는 법이 있다.

무엇이 열인가?

이른바 미래의 일체 겁에 머무르기를 원하는 보현의 행하는 법이며, 미래의 일체 부처님께 공양올리고 공경하기를 원하는 보현의 행하는 법이며, 일체 중생을 보현 보살의 행에 편안하게 두기를 원하는 보현의 행하는 법이며, 일체 선근을 모으기를 원하는 보현의 행하는 법이며, 일체 바라밀에 들어가기를 원하는 보현의 행하는 법이다.

일체 보살행을 만족하기를 원하는 보현의 행하는 법이며, 일체 세계를 장엄하기를 원하는 보현의 행하는 법이며, 일체 부처님 세계에 나기를 원하는 보현의 행하는 법이며, 일체 법을 잘 관찰하기를 원하는 보현

의 행하는 법이며, 일체 부처님의 국
토에서 위없는 보리 이루기를 원하
는 보현의 행하는 법이다.

이것이 열이다.

만약 모든 보살들이 이 법을 부지
런히 닦으면 보현의 행원을 빨리 만
족함을 얻는다.

불자들이여, 보살마하살이 열 가
지로 중생을 관찰하고 대비를 일으
킨다.

무엇이 열인가?

이른바 중생이 의지할 데 없고 믿을 데 없음을 관찰하고 대비를 일으키며, 중생의 성품이 고르고 순하지 못함을 관찰하고 대비를 일으키며, 중생이 빈곤하여 선근이 없음을 관찰하고 대비를 일으키며, 중생이 긴 밤 동안 잠든 것을 관찰하고 대비를 일으키며, 중생이 착하지 못한 법을 행함을 관찰하고 대비를 일으킨다.

중생이 욕심의 속박에 묶인 바를 관찰하고 대비를 일으키며, 중생이 생사의 바다에 빠짐을 관찰하고 대비를 일으키며, 중생이 질병의 괴로움에 길이 얽혔음을 관찰하고 대비를 일으키며, 중생이 착한 법에 욕망이 없음을 관찰하고 대비를 일으키며, 중생이 모든 부처님의 법을 잃어버림을 관찰하고 대비를 일으킨다.

이것이 열이다.

보살이 항상 이 마음으로써 중생을 관찰한다.

불자들이여, 보살마하살이 열 가지 보리심을 내는 인연이 있다.

무엇이 열인가?

이른바 일체 중생을 교화하고 조복하기 위한 까닭으로 보리심을 내며, 일체 중생의 고통의 무더기를 멸하여 없애기 위한 까닭으로 보리심을 내며, 일체 중생에게 구족한 안락을 주기 위한 까닭으로 보리심을 내며, 일체 중생의 어리석음을 끊기 위한 까닭으로 보리심을 내며, 일체 중생에게 부처님의 지혜를 주기 위한 까닭으로 보리심을 낸다.

일체 모든 부처님을 공경하고 공양

올리기 위한 까닭으로 보리심을 내
며, 여래의 가르침을 따라서 부처님
께서 환희하시게 하기 위한 까닭으
로 보리심을 내며, 일체 부처님의 색
신과 상호를 보기 위한 까닭으로 보
리심을 내며, 일체 부처님의 광대한
지혜에 들어가기 위한 까닭으로 보
리심을 내며, 모든 부처님의 힘과 두
려움 없음을 나타내기 위한 까닭으
로 보리심을 낸다.

이것이 열이다.

불자들이여, 만약 보살이 위없는 보리심을 내면 일체지의 지혜에 깨달아 들어가기 위한 까닭으로 선지식을 친근하고 공양올릴 때에 마땅히 열 가지 마음을 일으켜야 한다.

무엇이 열인가?

이른바 시중드는 마음과, 환희하는 마음과, 어김이 없는 마음과, 수순하는 마음과, 달리 구함이 없는 마음과, 한결같은 마음과, 선근이 같은 마음과, 서원이 같은 마음과, 여래의 마음과, 원만한 행이 같은 마음을 일으키는 것이다.

이것이 열이다.

불자들이여, 만약 보살마하살이
이와 같은 마음을 일으키면 곧 열 가
지 청정함을 얻는다.

무엇이 열인가?

이른바 깊은 마음이 청정하니 끝까
지 이르도록 없어지지 않는 까닭이
며, 색신이 청정하니 그 마땅한 바를
따라서 나타내 보이기 위한 까닭이
며, 음성이 청정하니 일체 모든 언어

를 밝게 통달하는 까닭이며, 변재가 청정하니 가없는 모든 부처님 법을 잘 연설하는 까닭이며, 지혜가 청정하니 일체 어리석음의 어두움을 버리어 여의는 까닭이다.

태어남이 청정하니 보살의 자재한 힘을 구족하는 까닭이며, 권속이 청정하니 과거에 함께 행하던 중생들의 모든 선근을 성취하는 까닭이며, 과보가 청정하니 일체 모든 업장을 소멸하여 없애는 까닭이며, 큰 서원이 청정하니 모든 보살들과 더불어

성품이 둘이 없는 까닭이며, 모든 행이 청정하니 보현의 법으로써 벗어나는 까닭이다.

이것이 열이다.

불자들이여, 보살마하살이 열 가지 바라밀이 있다.

무엇이 열인가?

이른바 시바라밀이니 일체 모든 가진 것을 다 버리는 까닭이며, 계바라밀이니 부처님의 계를 깨끗이 하는 까닭이며, 인바라밀이니 부처님의 인

욕에 머무르는 까닭이며, 정진바라밀이니 일체 짓는 바에서 물러나지 않는 까닭이며, 선바라밀이니 하나의 경계를 생각하는 까닭이다.

반야바라밀이니 일체 법을 사실대로 관찰하는 까닭이며, 지바라밀이니 부처님의 힘에 들어가는 까닭이며, 원바라밀이니 보현의 모든 큰 서원을 만족하는 까닭이며, 신통바라밀이니 일체 자재한 작용을 나타내 보이는 까닭이며, 법바라밀이니 일체 모든 부처님 법에 널리 들어가는 까닭이다.

이것이 열이다.

만약 모든 보살들이 이 법에 편안히 머무르면 곧 여래의 위없는 큰 지혜바라밀을 구족하게 된다.

불자들이여, 보살마하살이 열 가지 지혜로 따라 깨달음이 있다.

무엇이 열인가?

이른바 일체 세계의 한량없는 차별을 지혜로 따라 깨달음이며, 일체 중생계의 불가사의함을 지혜로 따라 깨달음이며, 일체 모든 법이 하나가 갖가지에 들어가고 갖가지가 하나에 들어가는 것을 지혜로 따라 깨달음이며, 일체 법계의 광대함을 지혜로 따라 깨달음이며, 일체 허공계의 구경을 지혜로 따라 깨달음이다.

일체 세계가 과거 세계에 들어감을 지혜로 따라 깨달음이며, 일체 세계가 미래 세계에 들어감을 지혜로 따라 깨달음이며, 일체 세계가 현재 세계에 들어감을 지혜로 따라 깨달음이다.

일체 여래의 한량없는 행과 원을 모두 한 지혜에서 원만함 얻음을 지혜로 따라 깨달음이며, 삼세 모든 부처님께서 다 같은 행으로 벗어남 얻으심을 지혜로 따라 깨달음이다.

이것이 열이다.

만약 모든 보살들이 이 법에 편안히 머무르면 곧 일체 법의 자재한 광명을 얻어서 원하는 바가 다 만족하여, 한 생각 사이에 일체 부처님 법을 모두 능히 밝게 알아 평등하고 바른 깨달음을 이룬다.

불자들이여, 보살마하살이 열 가지 증득하여 앎이 있다.

무엇이 열인가?

이른바 일체 법이 한 모양임을 알며, 일체 법이 한량없는 모양임을 알며, 일체 법이 한 생각에 있음을 알며, 일체 중생의 마음 행이 걸림 없음을 알며, 일체 중생의 모든 근기가 평등함을 안다.

일체 중생의 번뇌와 습기의 행을 알며, 일체 중생의 마음 번뇌의 행을 알며, 일체 중생의 착하고 착하지 못한 행을 알며, 일체 보살의 원행이 자재하여 머물러 지니고 변화함을 알며, 일체 여래께서 십력을 구족하여 평등하고 바른 깨달음 이루심을 안다.

이것이 열이다.

만약 모든 보살들이 이 법에 편안히 머무르면 곧 일체 법의 선교방편을 얻는다.

불자들이여, 보살마하살이 열 가지 힘이 있다.

무엇이 열인가?

이른바 일체 법이 제 성품임에 들어가는 힘과, 일체 법이 변화와 같음에 들어가는 힘과, 일체 법이 환과 같음에 들어가는 힘과, 일체 법이 모두 부처님 법임에 들어가는 힘이다.

일체 법에 물들어 집착하지 않는 힘과, 일체 법을 매우 밝게 아는 힘과, 일체 선지식을 항상 떠나지 않고 존중하는 마음의 힘과, 일체 선근이 위없는 지혜 왕을 따라 이르게 하는 힘과, 일체 부처님 법을 깊이 믿고 비

방하지 않는 힘과, 일체 지혜의 마음
이 물러나지 않게 하는 공교한 힘이
다.

　이것이 열이다.

　만약 모든 보살들이 이 법에 편안
히 머무르면 곧 여래의 위없는 모든
힘을 갖춘다.

　불자들이여, 보살마하살이 열 가
지 평등함이 있다.

　무엇이 열인가?

　이른바 일체 중생에 평등함과, 일

체 법에 평등함과, 일체 세계에 평등함과, 일체 깊은 마음에 평등함과, 일체 선근에 평등함이다.

일체 보살에 평등함과, 일체 원에 평등함과, 일체 바라밀에 평등함과, 일체 행에 평등함과, 일체 부처님에 평등함이다.

이것이 열이다.

만약 모든 보살들이 이 법에 편안히 머무르면 곧 일체 모든 부처님의 위없는 평등한 법을 얻는다.

불자들이여, 보살마하살이 열 가지 부처님 법의 진실한 이치의 구절이 있다.

무엇이 열인가?

이른바 일체 법의 단지 이름만 있음과, 일체 법의 마치 요술과 같음과, 일체 법의 마치 그림자와 같음과, 일체 법의 단지 인연으로 일어남과, 일체 법의 업이 청정함이다.

일체 법의 단지 문자로만 지어짐과, 일체 법의 진실한 경계임과, 일체 법의 모양이 없음과, 일체 법의 제일

가는 뜻과, 일체 법의 법계이다.

이것이 열이다.

만약 모든 보살들이 이 법에 편안히 머무르면 곧 일체지의 지혜인 위없는 진실한 이치에 잘 들어간다.

불자들이여, 보살마하살이 열 가지 법을 설한다.

무엇이 열인가?

이른바 매우 깊은 법을 설하며, 넓고 큰 법을 설하며, 갖가지 법을 설하며, 일체 지혜의 법을 설하며, 바라밀을 따르는 법을 설한다.

여래의 힘을 내는 법을 설하며, 삼세와 서로 응하는 법을 설하며, 보살이 물러나지 않게 하는 법을 설하며, 부처님의 공덕을 찬탄하는 법을 설하며, 일체 보살이 일체 부처님의 평등함을 배워서 일체 여래의 경계와 서로 응하는 법을 설한다.

이것이 열이다.

만약 모든 보살들이 이 법에 편안히 머무르면 곧 여래의 위없이 공교하게 설하시는 법을 얻는다.

불자들이여, 보살마하살이 열 가지 지님이 있다.

무엇이 열인가?

이른바 모아 놓은 일체 복덕과 선근을 지니며, 일체 여래께서 설하신 법을 지니며, 일체 비유를 지니며, 일체 법의 이치에 나아가는 문을 지니며, 일체를 출생하는 다라니문을 지닌다.

일체 의혹을 없애는 법을 지니며, 일체 보살을 성취하는 법을 지니며, 일체 여래께서 설하신 평등한 삼매

문을 지니며, 일체 법을 밝게 비추는
문을 지니며, 일체 모든 부처님의 신
통으로 유희하는 힘을 지닌다.

이것이 열이다.

만약 모든 보살들이 이 법에 편안
히 머무르면 곧 여래의 위없는 큰 지
혜로 머물러 지니는 힘을 얻는다.

불자들이여, 보살마하살이 열 가
지 변재가 있다.

무엇이 열인가?

이른바 일체 법에 분별이 없는 변

재와, 일체 법에 짓는 바가 없는 변재와, 일체 법에 집착하는 바가 없는 변재와, 일체 법에 공함을 밝게 통달하는 변재와, 일체 법에 의심의 어두움이 없는 변재이다.

일체 법에 부처님께서 가피하시는 변재와, 일체 법에 스스로 깨닫는 변재와, 일체 법에 문구가 차별하고 교묘한 변재와, 일체 법에 진실하게 설하는 변재와, 일체 중생의 마음을 따라 환희하게 하는 변재이다.

이것이 열이다.

만약 모든 보살들이 이 법에 편안히 머무르면 곧 여래의 위없이 교묘한 변재를 얻는다.

불자들이여, 보살마하살이 열 가지 자재가 있다.

무엇이 열인가?

이른바 일체 중생을 교화하고 조복하는 자재와, 일체 법을 널리 비추는 자재와, 일체 선근의 행을 닦는 자재와, 넓고 큰 지혜의 자재와, 의지할 바 없는 계의 자재이다.

일체 선근을 보리에 회향하는 자재와, 정진하여 물러나지 않는 자재와, 지혜로 일체 온갖 마들을 꺾어 깨뜨리는 자재와, 즐기고 바라는 바를 따라서 보리심을 내게 하는 자재와, 응당 교화할 바를 따라 바른 깨달음 이룸을 나타내는 자재이다.

이것이 열이다.

만약 모든 보살들이 이 법에 편안히 머무르면 곧 여래의 위없는 큰 지혜의 자재를 얻는다.

불자들이여, 보살마하살이 열 가지 집착 없음이 있다.

무엇이 열인가?

이른바 일체 세계에 집착이 없으며, 일체 중생에 집착이 없으며, 일체 법에 집착이 없으며, 일체 짓는 바에 집착이 없으며, 일체 선근에 집착이 없다.

일체 태어나는 곳에 집착이 없으며, 일체 원에 집착이 없으며, 일체 행에 집착이 없으며, 일체 보살에 집착이 없으며, 일체 부처님께 집착이 없다.

이것이 열이다.

만약 모든 보살들이 이 법에 편안히 머무르면 곧 능히 일체 온갖 생각을 빨리 전환하여 위없는 청정한 지혜를 얻는다.

불자들이여, 보살마하살이 열 가지 평등한 마음이 있다.

무엇이 열인가?

이른바 일체 공덕을 모으는 평등한 마음과, 일체 차별한 서원을 내는 평등한 마음과, 일체 중생의 몸에 평등한 마음과, 일체 중생의 업보에 평등한 마음과, 일체 법에 평등한 마음이다.

일체 깨끗하고 더러운 국토에 평등한 마음과, 일체 중생의 이해에 평등한 마음과, 일체 행에 분별하는 바 없는 평등한 마음과, 일체 부처님의 힘과 두려움 없음에 평등한 마음과, 일체 여래의 지혜에 평등한 마음이다.

이것이 열이다.

만약 모든 보살들이 그 가운데 편안히 머무르면 곧 여래의 위없이 크게 평등한 마음을 얻는다.

불자들이여, 보살마하살이 열 가지 출생하는 지혜가 있다.

무엇이 열인가?

이른바 일체 중생의 이해를 알고 출생하는 지혜와, 일체 부처님 세계의 갖가지 차별을 알고 출생하는 지혜와, 시방의 그물의 분제를 알고 출생하는 지혜와, 엎어지고 잦혀지는

등의 일체 세계를 알고 출생하는 지
혜와, 일체 법의 한 성품과 갖가지
성품이 광대하게 머무름을 알고 출
생하는 지혜이다.

일체 갖가지 몸을 알고 출생하는
지혜와, 일체 세간의 뒤바뀐 허망한
생각이 모두 집착할 바가 없음을 알
고 출생하는 지혜와, 일체 법이 구경
에는 다 한 길로 벗어남을 알고 출생
하는 지혜와, 여래의 위신력이 일체
법계에 능히 들어감을 알고 출생하
는 지혜와, 삼세 일체 중생의 부처님

종자가 끊이지 않음을 알고 출생하는 지혜이다.

이것이 열이다.

만약 모든 보살들이 이 법에 편안히 머무르면 곧 모든 법에 밝게 통달하지 못함이 없다.

불자들이여, 보살마하살이 열 가지 변화가 있다.

무엇이 열인가?

이른바 일체 중생의 변화와, 일체 몸의 변화와, 일체 세계의 변화와,

일체 공양의 변화와, 일체 음성의 변화이다.

일체 행과 원의 변화와, 일체 중생을 교화하고 조복하는 변화와, 일체 바른 깨달음을 이루는 변화와, 일체 법을 설하는 변화와, 일체 가지하는 변화이다.

이것이 열이다.

만약 모든 보살들이 이 법에 편안히 머무르면 곧 일체 위없는 변화하는 법을 구족하게 된다.

불자들이여, 보살마하살이 열 가지 힘으로 지님이 있다.

무엇이 열인가?

이른바 부처님의 힘으로 지님과, 법의 힘으로 지님과, 중생의 힘으로 지님과, 업의 힘으로 지님과, 행의 힘으로 지님과, 원의 힘으로 지님과, 경계의 힘으로 지님과, 시간의 힘으로 지님과, 착한 힘으로 지님과, 지혜의 힘으로 지님이다.

이것이 열이다.

만약 모든 보살들이 이 법에 편안

히 머무르면 곧 일체 법에 위없는 자
재한 힘으로 지님을 얻는다."

〈대방광불화엄경 제53권〉

회

향

송

아차보현수승행
무변승복개회향
보원침익제중생
속왕무량광불찰

시방삼세일체불
제존보살마하살
마하반야바라밀

我此普賢殊勝行
無邊勝福皆迴向
普願沈溺諸眾生
速往無量光佛刹

十方三世一切佛
諸尊菩薩摩訶薩
摩訶般若波羅蜜

大方廣佛華嚴經

부록

•

대방광불화엄경 목차

•

간행사

대방광불화엄경
목차

간 행 사

    귀의삼보 하옵고,

    『대방광불화엄경』의 수지 독송과 유통을 발원하면서 수미정사 불전연구원에서 『독송본 한문·한글역 대방광불화엄경』과『사경본 한글역 대방광불화엄경』을 편찬하여 간행하게 되었습니다.

    『화엄경』은 우리나라에 전래된 이래 일찍부터 사경되고 주석·강설되어 왔으며 근현대에 이르러서는『화엄경』의 한글 번역과 연구도 부쩍 많이 이루어졌습니다. 그만큼『화엄경』이 우리 불자님들의 신행과 해탈에 큰 의지처가 되었던 것임을 알 수 있습니다.

    『화엄경』을 독송하고 사경하는 공덕은 설법 공덕과 함께 크게 강조되어 왔습니다. 그리하여 수미정사 불전연구원에서도『화엄경』(80권)을 독송하고 사경하는 데 도움이 되도록 한문 원문과 한글역을 함께 수록한 독송본과 한글역의 사경본『화엄경』간행불사를 발원하였습니다. 이『화엄경』간행불사에 뜻을 같이하여 적극 후원해주신 스님들과 재가 불자님들께 깊이 감사드립니다. 또한『화엄경』을 수지 독송할 수 있도록 경책의 모습으로 장엄해 주신 편집위원들과 담앤북스 출판사 관계자들께도 고마움을 표합니다.

    끝으로 이 불사의 원만 회향으로『화엄경』이 널리 유통되고, 온 법계에 부처님의 가피가 충만하시길 기원드립니다.

    나무 대방광불화엄경

불기 2564년 '부처님오신날'을 봉축하며
수미해주 합장

위태천신(동진보살)

수미해주 須彌海住

호거산 운문사에서 성관 스님을 은사로 출가, 석암 대화상을 계사로 사미니계 수계, 월하 전계사를 계사로 비구니계 수계, 계룡산 동학사 전문강원 졸업, 동국대학교 불교대학 및 동 대학원 졸업, 철학박사, 가산지관 대종사에게서 전강, 동국대학교 불교대학 교수, 동학승가대학 학장 및 화엄학림 학림장, 중앙승가대학교 법인이사 역임.
(현) 수미정사 주지, 동국대학교 명예교수.
저·역서로 『의상화엄사상사연구』, 『화엄의 세계』, 『정선 원효』, 『정선 화엄 1』, 『정선 지눌』, 『법계도기 총수록』, 『해주스님의 법성게 강설』 등 다수.

사경본 한글역
대방광불화엄경 제53권

| 초판 1쇄 발행_ 2025년 2월 24일

| 엮 은 이_ 수미해주
| 엮 은 곳_ 수미정사 불전연구원
| 편집위원_ 해주 수정 경진 선초 정천 석도 박보람 최원섭
| 편 집 보_ 무이 무진 지욱 혜명

| 펴 낸 이_ 오세룡
| 펴 낸 곳_ 담앤북스
　　　　　서울특별시 종로구 새문안로3길 23 경희궁의 아침 4단지 805호
　　　　　대표전화 02)765-1251 전자우편 dhamenbooks@naver.com
　　　　　출판등록 제300-2011-115호
| ISBN_ 979-11-6201-520-9 04220

정가 10,000원